DECLARATION

OF

RIGHTS.

DECLARATION

DES

DROITS.

DECLARATION

DES

DROITS,

TRADUITE DE L'ANGLOIS,

AVEC

L'ORIGINAL A COTÉ

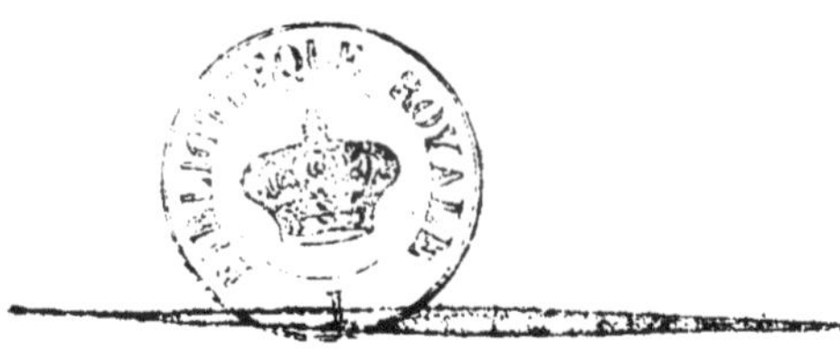

A LONDRES,

1789.

AVIS DE L'ÉDITEUR.

Tous ceux qui écrivent ou qui parlent sagement sur la position actuelle de la France, disent que les États Généraux doivent commencer par une *Déclaration des droits*, & que les Provinces doivent l'exiger par leurs mandats. En effet il n'y a point d'autre moyen de nous délivrer à jamais de la servitude, & d'assûrer à nos représentans la liberté dans leurs suffrages, qui autrement pourroit être punie par le despotisme ministériel, ou par le despotisme parlementaire, comme cela est arrivé autrefois. C'est pour faciliter l'accomplissement de ce vœu respectable que nous imprimons la traduction d'un projet de *Déclaration des droits*, qui a été publié l'année dernière en Amérique : & nous donnons une nouvelle édition de l'original, parce que nos recherches nous ont appris qu'il y en a très-peu d'exemplaires en Europe.

THE PREFACE.

I here attempt to lay before the publick, a declaration of rights, as compleat, as I have been able to conceive
it. I have endeavoured to avoid infer-
ting rules, which though good in them-
felves, may however be fupplied by
other difpofitions, without exposing the
rights of men to any violation. I have
treated the fubject in a fyftematic order,
fo as to facilitate to the reader, the
comprehenfion of what this declaration
contains, and enable him to judge what
may be ftill be wanting in it.

I invite the friends of mankind to
point out the defects of my performan-
ce, to correct it, to form even a better
work on this fubject.

A compleat declaration of rights,
very exact, and difpofed in proper order,

AVERTISSEMENT.

J'ESSAIE ici de donner une déclaration
des droits auffi complette que j'ai pu
la concevoir. J'ai tâché d'éviter d'y in-
férer des régles qui, bonnes en elles-
mêmes, peuvent cependant être rem-
placées par d'autres difpofitions, fans
que les droits des hommes foient vio-
lés. J'ai cherché à y mettre un ordre
fyftématique, afin qu'il fût plus facile
de bien voir ce que cette déclaration
contient, et de juger ce qui peut y
manquer.

J'invite les amis de l'humanité à re-
lever les défauts de cet ouvrage, à les
corriger, à daigner même le refaire.

Une déclaration des droits bien complette, bien ordonnée, bien précise,

is perhaps the moſt uſeful work that can be laid before men of all nations ; but this work, ſimilar in this reſpect to tables formed to repreſent the planetary motions, cannot be brought to due perfection, but by time, the united labours of ſeveral hands, and a long ſeries of corrections, fruits of an attentive and exact examination of theſe objets.

eſt l'ouvrage le plus utile peut-être qu'on puiſſe offrir aux hommes de tous les pays , mais cet ouvrage ſemblable à cet égard aux tables qui repréſentent le mouvement des aſtres , ne peut attendre ſa perfection que du tems, du concours de pluſieurs mains, & d'une longue ſuite de corrections , fruit d'un examen ſcrupuleux & réfléchi

DECLARATION

OF

RIGHTS.

THE natural rights of man may be comprehended under the following heads:
1°. The *safety* of his person.
2°. The *liberty* of his person.
3°. The *security* of his possession.
4°. The *free power* over his possessions.
5°. *Entire independance*, or natural equality.

No power, but the unanimous consent of all the members of a society, can render lawful any violation of these rights; it would not even be so, unless each individual arriving at the age of reason, gave a new consent to such a violation, so that it can only bind those who have assented to submit to it, and this assent even they may withdraw after a fixed period.

It cannot be said, that the society can lawfully restrain these rights within certain limits; it can only fix with precision, those

DECLARATION

DES

DROITS.

LES droits naturels se réduisent :
1°. *A la sûreté de la personne.*
2°. *A la liberté de la personne.*
3°. *A la sûreté des biens.*
4°. *A la liberté des biens.*
5°. *A l'égalité naturelle.*

Aucun pouvoir , excepté le consentement unanime de tous les membres de la société , ne peut rendre légitime une atteinte portée à ces droits ; elle ne le seroit pas même encore , à moins que chaque homme , en parvenant à l'âge de raison , ne donnât un nouveau consentement à cette violation , qu'elle ne tombât jamais que sur ceux qui auroient consenti à s'y soumettre , & qu'ils pussent retirer leur consentement après un terme fixé.

On ne peut pas dire que la société puisse plus légitimement resserrer ces droits , dans certaines limites ; elle peut seulement dire

which nature has set to them. Neither can it be said, that it has the right to regulate the exercise of them, except only where reason and the nature of things, require that this exercise should be subjected to a common rule; which rule the society has the right to determine.

Let it be supposed, that I possess a piece of land, in which the field of another is enclosed; my right of property certainly is not limited, because I am obliged to allow the owner of the enclosed field, to cultivate it, and to carry out of it the produce; as it is manifest that without these conditions, that field could not have become a property independent of me. To regulate therefore, by a law, the manner in which he may reap the advantages of his field, is no restraint on the exercise of his right of propriety or of mine; since it is evident that in this case for want of a free compact made between us, these advantages must be subjected to a rule common to all those, who might happen to be in like circumstances.

A political society may infringe on the rights of men, in two different ways.

3°. By making laws, the disposition of which would be a violation of these rights.

d'une manière précise, celles que la nature y a mises. On ne peut pas dire qu'elle ait le droit d'en régler l'exercice ; mais feulement lorfque la nature & la raifon exigent que cet exercice foit affujetti à une règle commune, la fociété a le droit de déterminer cette régle.

Suppofons que je pofsède un champ, dans lequel le champ d'un autre foit enclavé ; ce n'eft pas donner des limites à mon droit de propriété, que de m'obliger à laiffer au propriétaire du champ enclavé les moyens de le cultiver & d'en extraire les productions, puifqu'il eft évident que fans cela le champ ne pourroit être devenu une propriété indépendante de moi. Ce n'eft donc point alors gêner l'exercice de mon droit de propriété & du fien, que de régler par une loi la manière dont il pourra jouir de fon champ : puifqu'il eft évident que dans ce cas, au défaut de convention librement faite entre nous, il faut que cette jouiffance foit foumife à une régle commune pour tous ceux qui fe trouveront dans une pareille circonftance.

La fociété pourroit attenter de deux manières différentes aux droits des hommes.

1°. En faifant des loix dont les difpofitions fuffent une atteinte à ces droits.

2°. By making laws, which could not be executed, without a frequent infringement on these rights.

This distinction is necessary to be made. If a law condemns to death for an action indifferent in itself, it carries with it a direct attack on the common safety; but if a law suffers any one to be condemned to death by a majority of two votes, one cannot say that it directly attacks his safety, but only that it exposes him to an unjust sentence. In the first case, the law commands the violation of right, in the second, it exposes men to this violation.

Men having entered into political societies for no other end, than to enjoy their natural rights in a manner more safe, more peaceable, & more compleat, the publick authority is bound to etablish such laws, as are necessary to secure to them this enjoyement.

The first division points out the limits of the power, wich society can exercise or confer; the second, the rules from which cannot deviate in the exercise of its lawful power without an abuse of it; the third, the duties it ought to fulfil with respect to the members of commonwealth. Therefore, *a declaration of the rights of citizens, considered as*

2°. En faifant des loix dont l'exécution expoferoit évidemment à une violation fréquente de ces droits.

Cette diftinction eft néceffaire. Si une loi condamne un homme à mort pour une action indifférente, elle porte une atteinte directe à la sûreté commune ; mais fi la loi permet de juger à mort, avec une pluralité de deux voix, on ne peut pas dire qu'elle attaque directement ma sûreté , mais feulement qu'elle m'expofe à être condamné injuftement. Dans le premier cas, la loi ordonne la violation du droit ; dans le fecond , elle expofe à cette violation.

Enfin les hommes ne s'étant réunis que pour jouir de leurs droits, d'une manière plus sûre , plus tranquille & plus complette, la puiffance publique eft obligée envers les citoyens à faire les loix néceffaires pour leur affurer cette jouiffance.

La première divifion indique les limites du pouvoir que la fociété peut exercer ou conférer ; la feconde , les régles dont elle ne pourroit s'écarter dans l'exercice de fon pouvoir légitime , fans en abufer ; la troifième, les devoirs qu'elle doit remplir à l'égard du citoyen. Ainfi, *une déclaration des droits des citoyens confidérés comme individus relatif*

individuals with respect to the publick power of the society, ought to include three parts.

1°. The declaration of the rights, which the publick autority, ought not to violate by any laws, which it may make.

2°. The entire exclusion of all forms, and of all dispositions, which would expose men in the execution of such laws to infringements on these rights.

3°. The obligation to enact all such laws, as are necessary to hinder the citizens from being disturbed in the enjoyement of their rights by a force which derives its origin from the society.

In this last part we do not speack of the obligation to make laws necessary to secure men against particular acts of violence, but only of those which are proper to secure them against such injustice, as might result from certain social institutions.

Each individual, in giving his vote for the establishment of a legislative power, says to this power: » I establish you to regulate the » manner of securing to my fellow citizens, » as well as to myself, the enjoyement of our » rights ; I consent to obey all general deter- » minations, which you shall form into laws;

ment

ment à la puiſſance publique de la ſociété, doit renfermer trois parties.

1°. La déclaration des droits auxquels la puiſſance publique ne doit porter aucune atteinte, dans les loix qu'elle peut faire.

2°. La proſcription de toutes les formes & de toutes les diſpoſitions qui expoſeroient dans l'exécution des loix, à des violations de ces droits.

3°. L'obligation de faire toutes les loix néceſſaires pour empécher les citoyens d'être troublés dans la jouiſſance de leurs droits, par une force qui doive ſon origine à la ſociété.

Nous ne parlons pas dans cette derniere partie, de l'obligation de faire les loix néceſſaires pour mettre les hommes à l'abri des violences particulières, mais ſeulement de celles qui le ſont pour mettre les hommes à l'abri des injuſtices qui ſeroient une ſuite des inſtitutions ſociales.

Chaque homme en votant pour l'établiſſement d'une puiſſance légiſlative régulière lui dit : » Je vous établis pour régler la ma-
» nière d'aſſurer à mes concitoyens, comme
» à moi, la jouiſſance de mes droits : je me
» ſoumets à obéir aux volontés générales
» que vous érigerez en loix ; mais je dois

» but I ought to fet fuch limits to this autho-
» rity , as may prevent you from employing
» againſt my rights , the power wich I give
» to you in order to protect them.

» Such are the rights , which it is your
» duty to preſerve facred. Such are the dan-
» gers which may ariſe to theſe rights from
» the power entruſted to the public autority,
» againſt which it is your duty to defend them.
» Theſe are evils that neceſſarily reſult from
» the ſtate of civil ſociety ; and which it is your
» duty to remedy ».

S E C T I O N I.

Rights of men relatives to the ſafety of
their perſons.

I.

Direct violations of theſe rights , wich might
proceed from unjuſt laws.

1º. *The legiſlative power shall not eſtablish
any penalty for an action , which is not a voluntary , manifeſt , immediate and conſiderable
violation , either of the rights of one , or of
ſeveral individuals , or of the rights of the commonwealth , as reſulting from the very nature
of political ſocieties.*

» mettre des limites à ce pouvoir, & vous
» empêcher d'employer contre mes droits la
» puissance que je vous donne pour les dé-
» fendre.

» Voilà quels sont ces droits, & vous ne
» pourrez y porter atteinte. Voilà les dangers
» qui peuvent résulter pour ces droits, de l'au-
» torité confiée à la puissance publique; vous
» ne pouvez les y exposer. Voilà ceux qui
» résultent nécessairement de l'état social,
» vous y apporterez un reméde ».

SECTION PREMIERE.

Droits des hommes relatifs à la sûreté des personnes.

I.

Des atteintes que les loix pourroient porter directement à ces droits.

1°. *La puissance législative ne pourra établir
aucune peine pour une action, qui ne seroit pas
une violation évidente, immédiate & grave,
soit des droits d'un ou de plusieurs individus,
soit des droits de la société entière, tels qu'ils
résultent de la nature même des sociétés.*

2°. *The legislative power shall not lay any tax, Which Would make it neceſſary to punish thoſe Who should clude it ; becauſe theſe crimes Would then be arbitrarily formed by the legislative poweri tſelf.*

3°. *No punishment shall be inflicted for any action, unleſs it hath been declared by an expreſs law to be a crime, and unleſs this action be litterally expreſſed in the text of the law, not only by a name which cannot be refered but to one species of actions, the leaſt criminal of which deſerves the punishment denounced by the law ; but alſo by a clear and regular definition of the idea annexed to this name.*

4°. *No punishment shall be inflicted but by virtue of a ſentence pronounced by a tribunal eſtablished by the law, and according to forms Which the law shall have prescribed.* For we ought to confider, as a direct infringement on the right of perfonal fafety, the power of arbitrarily violating that right.

5°. *The punishment of death shall not be eſtablished but for crimes, which have taken away the life of thoſe who Were the objects of them, or Which have put it in danger With the deſign to take it away, ſuch as Were intended to expoſe it to danger, and in this circumſtance alone, where the preſervation of the criminal ····uld*

2°. *La puissance législative ne pourra établir aucun impôt qui oblige à statuer des peines contre ceux qui les frauderoient ; parce que ces délits seroient alors créés arbitrairement par la puissance législative elle-même.*

3°. *Il ne pourra être infligé aucune peine pour aucun délit, à moins qu'elle n'ait été établie par une loi expresse, & que cette action ne soit littéralement exprimée dans le texte de la loi, non-seulement par un nom qui ne puisse se rapporter qu'à une seule espèce d'actions dont la moins criminelle mérite la peine imposée par la loi, mais par une définition claire & régulière de l'idée exprimée par ce nom.*

4°. *Aucune peine ne pourra être infligée qu'en vertu d'un jugement rendu par un tribunal établi par la loi, & suivant les formes prescrites par elle.* Car on doit regarder comme une attaque directe à la sûreté, le pouvoir d'y porter arbitrairement atteinte.

5°. *La peine de mort ne pourra être établie que pour les délits qui ont ôté la vie à ceux qui en étoient l'objet, ou qui l'ont mise en danger avec la volonté de l'ôter, de l'exposer à ce danger, & dans le cas seulement où la conservation du coupable exposeroit la sûreté des citoyens.* Car ni les juges & encore moins le

in danger the public safety. For neither the judges, and still less the body of the commonwealth, (which however would be necessary), can have an absolute certainty of the crime. The possibility of the innocence of him who is declared guilty, is never absolutely destroyed, and consequently every punishment that is irreparable is unjust ; unless it be proved to be necessary : now it is not proved that crimes cannot be prevented without establishing the penalty of death, but it may be proved that it is dangerous to detain in prison a leader of a popular tumult, a traitor, &c.

6°. *Punishments which render death painfull, as mutilation, torture, employed either to extort the confession of a crime, or for the discovery of accomplices, shall never be ordered by the law.*

Indeed penalties, in order to be legitimate, can only replace with mitigation, that which private revenge might have allowed in the state of nature ; supposing it to be exercised by a man whom anger had not deprived of the use of reason ; and they ought not to exceed the measures necessary to prevent the crime, and to place the society out of the reach of the violence of the offender.

7°. *The law shall not deprive the accused*

corps de la société (ce qui seroit cependant nécessaire) , ne peuvent avoir une certitude absolue du crime : la possibilité de l'innocence de celui qui est déclaré coupable , n'est jamais absolument détruite ; & par conséquent toute peine irréparable est injuste , à moins qu'il ne soit prouvé qu'elle est nécessaire ; or il n'est pas prouvé que l'on ne puisse prévenir le crime , sans établir la peine de mort, mais il peut l'être qu'il y a du danger à conserver en prison , un chef d'émeute , un traître , &c.

6°. *Les supplices qui rendent la mort douloureuse , la mutilation , la torture , soit pour arracher l'aveu du crime , soit pour la révélation des complices , ne pourront jamais être ordonnés par la loi.*

En effet les peines pour être légitimes , ne peuvent que remplacer , en l'adoucissant, ce que la vengeance particulière auroit pu se permettre dans l'état de nature , en la supposant exercée par un homme que la colère n'ait pas privé de la raison ; & elles ne doivent pas aller au de-là de ce qui est nécessaire pour prévenir le crime , & pour mettre la société à l'abri des attentats du coupable.

7°. *La loi ne pourra priver aucun accusé de*

of his natural means of defence; such are, the knowledge of the proceedings; the proofs that he is able to make of facts, which he thinks may tend to his justification; the producing counter-proofs; the advice and assistence of those, whose council he believes may be useful.

For whatever advantages an individual has received from nature, the commonwealth can have no right to take away; and it cannot be said that the rights of any one, are violated by the use of these natural means; since they all tend to the discovery of truth, which is equally interesting to all the citizens.

8°. *The same rights shall subsist during the state of war, and for military men, with this exception only, that as actions indifferent in time of peace, may become crimes in time of war; and as the impossibility of foreseeing exactly what such actions may be, will make it necessary to place the autority to determine them in the commander; the legislative body may, in this case, entrust to him the power of declaring that such actions shall be reputed crimes, and of annexing the penalties to them. But he must be responsable for his conduct, if in the exercise of this autority, he violates any of the rights above explained.*

fes moyens naturels de défenfe, tels que la connoiffance de tous les actes de la procédure, la preuve qu'il peut faire des faits qu'il croit tendans à les juftifier, la préfentation des témoins qui pourroient affoiblir les témoignages portés contre lui, l'avis & l'affiftance de ceux dont il croit que le confeil peut lui être utile.

Car la fociété ne peut avoir le droit de rien ôter à un individu de tout ce que la nature lui a donné pour fon propre avantage ; & on ne peut pas dire qu'aucun de fes moyens naturels foit contraire au droit de perfonne, puifqu'ils tendent tous à la connoiffance de la vérité, qui eft l'intérêt commun des citoyens.

8°. Les mêmes droits fubfifteront pendant l'état de guerre, & pour les militaires, à cela près, que des actions indifférentes en temps de paix, pouvant devenir des délits en temps de guerre, & l'impoffibilité de prévoir avec précifion quelles peuvent être ces actions, obligeant de laiffer au commandant l'autorité de les déterminer ; le corps légiflatif lui pourra confier en ce cas, le pouvoir de déclarer que telles ou telles actions feront réputées des délits, & d'en fixer les peines. Mais il doit être refponfable de fa conduite, fi dans l'exercice de cette autorité il viole aucun des droits expofés ci-deffus.

II.

Of the dangers, to which the publick power might expose the safety of individuals.

1o. The impartiality of the judges, and their entire exemption from all private interets, are the only means, by which their sentences are prevented from exposing the safefety of those who are subjected to them.

The power of judging is a dangerous weapon, easy to turn against the citizens ; and if it be not placed in pure and impartial hands, may become more fatal to their safety, than the particular violence against which it is instituted to defend them.

The legislative power shall not then either establish judges for life, or tribunals of which the members are named either by themselves or by the legislative body, or by any other body, but only tribunals elected by the representatives of those who are subjected to their jurisdiction, and for a limited time.

2o. It shall not entrust to the tribunal appointed to judge criminal causes, either the decision of any other question, or any other publick function.

3o. The legislative power shall not in any case establish a tribunal, which may be named for

I I.

Des dangers auxquels la puiſſance publique pourroit expoſer la ſûreté des. individus.

1º. L'impartialité des juges & leur exemption abſolue de tout intérêt , eſt le ſeul moyen que les jugemens n'expoſent pas la ſûreté de ceux qui y ſont ſoumis.

Le pouvoir judiciaire eſt une arme dangereuſe , dont il eſt facile d'abuſer contre les citoyens , & qui peut , ſi elle n'eſt pas confiée à des mains impartiales & pures, être plus funeſte à leur ſûreté que les violences particulières contre leſquels il doit les défendre.

La puiſſance legiſlative ne pourra donc établir ni des juges à vie , ni des tribunaux dont les membres ſoient nommés , ſoit par eux-mémes , ſoit par le corps légiſlatif , ſoit par aucun autre corps , mais ſeulement des tribunaux élus par les repreſentans des juſticiables , & pour un tems fixe.

2º. *Elle ne pourra confier au tribunal chargé de juger les cauſes criminelles , ni le jugement d'aucune autre queſtion , ni aucune autre fonction publique.*

3º. *La puiſſance publique ne pourra établir, en aucun cas, un tribunal qui ſoit nommé pour*

a single affair, or for one, or for several indi-viduals, but only for all crimes committed in a certain district, for such a general species of crimes, for all men of such a profession, &c. Because every other disposition would be con-trary to the impartiality, which we ought to expect in the electors of the judges, as well as in the judges themselves.

4°. *The accused shall have the right of peremp-torily challenging a certain number of his judges, and this number shall be at least the third of the whole number of those who may be his jud-ges; or otherwise this number shall be such, that it cannot be supposed that he has a greater number of concealed enemies, or of judges mis-led by prejudices. He shall farther be at liberty to challenge all those against whom he shall alledge reasons judged to be sufficient.*

5°. *These rights shall be equally respected in time of war, and for military men.*

6°. *The legislative body shall not reserve* (1)

---

(1) In this article, as also in some others, two forms are given; the one is limited to a strict declaration of the right; in the other, as the right may be somewhat vague, limits are set to the autority of the legislative power, which is rather making a law than declaring a right. But it may be useful that the nation reserve to itself for a small number of objects the exercise of the legislative power.

*une affaire unique, pour un ou plufieurs indi-
vidus, mais feulement pour tous les délits com-
mis dans un canton, pour telle efpèce générale
de délits, pour tous les hommes d'une telle pro-
feffion &c.* Parce que toute autre difpofition feroit contraire à l'impartialité qui doit exifter
dans les électeurs des juges, comme dans les
juges eux-mêmes.

4°. *Tout accufé jouira du droit de récufer
un certain nombre de juges, fans être obligé
d'alléguer de motifs, & ce nombre fera au
moins le tiers du nombre total de ceux qui peuvent être jugés, ou bien ce nombre fera tel qu'on
ne puiffe fuppofer qu'il y ait un plus grand
nombre d'ennemis cachés, de juges égarés par
le préjugé. Il pourra récufer de plus tous ceux
contre lefquels il alléguera des motifs jugés
fuffifans.*

5°. *Ces droits feront également refpectés en
temps de guerre, & pour les militaires.*

6°. *Le corps légiflatif ne pourra fe réferver* (1)

---

(1) Dans cet article, ainfi que dans quelques autres
on préfente deux formes ; dans l'une on fe borne à la ftricte
déclaration du droit, dans l'autre, comme le droit eft
vague, on affigne des limites à l'autorité du corps législatif, ce qui eft plutôt faire une loi, que déclarer un droit.
Mais il peut être utile que la nation conferve pour un
très-petit nombre d'objets, l'exercice du pouvoir légiflatif.

to itself, nor entruſt to any one the power of employing arbitrarily , military force againſt the citizens , wheter to ſecure the execution of the laws , or to maintain the tranquillity of the ſtate ; but only the power of employing this military force in caſes clearly expreſſed by a law , and according to forms equally preſcribed by this law .

7°. The law , which shall regulate theſe caſes , shall comprehend thoſe alone , which include a manifeſt violation of the natural rights , either of individuals , or of the commonwealth.

I I I.

Precautions neceſſary that the rights of perſonal ſafety may not be expoſed to any violations.

1°. The legiſlative body being obliged to fix the majority by which a tribunal may condemn an accuſed perſon , it shall not be fixed below a majority of eight voices , or otherwiſe it shall be ſo fixed that a condemnation cannot take place , but in caſes where the crime is compleatly proved , and at the ſame time the legiſlative body shall fix the number of judges neceſſary to form a ſentence , which number shall not be leſs than twelve , or otherwiſe it shall fix it

ni confier à perfonne le droit arbitraire d'employer une forte armée contre les citoyens , foit
pour affurer l'exécution des loix, foit pour maintenir la tranquillité de l'état , mais feulement
celui d'employer cette force armée dans les cas
clairement exprimés par une loi , & fuivant
des formes également prefcrites par cette loi.

7°. La loi qui réglera ces cas , ne pourra
y comprendre que ceux qui renferment une violation évidente des droits naturels , foit des
particuliers , foit de la fociété.

I I I.

Des précautions néceffaires pour que les
droits de la fûreté perfonnelle ne foient expofés à aucune atteinte.

1°. Le corps légiflatif étant obligé de fixer
la pluralité à laquelle un tribunal peut con-
damner, ne pourra la fixer au-deffous d'une
pluralité de huit voix, ou bien il la fixera
telle qu'elle ne puiffe avoir lieu, que dans le
cas où le délit eft rigoureufement prouvé , &
il fixera en même tems le nombre des juges néceffaires pour former un jugement ; & il ne
pourra le fixer au-deffous de douze, ou bien il
le fixera tel que l'on puiffe être affuré

such, that one may be assured of obtaining the majority required when the crime shall be proved.

2°. The number of judges shall be such that in common cases the challenges may not make it necessary to elect new judges. The manner of filling the vacant places shall be regulated by a law, and so as not to violate (if possible) in any point the article 3. I. II.

3°. There shall be a separate tribunal to decide on the challenges, and the number of judges admitted to this tribunal, shall be determined by law of peremptory challenges.

4°. A tribunal constituted in an impartial manner, shall be established, which shall judge the misbehaviour of the judges, and moreover a publick advocate appointed to examine whether the tribunal act conformably to the laws ; and the charges of publick avocate, shall suspend the execution of sentences.

5°. A superior tribunal shall be established which in this case, or on the complaints of the parties, shall determine whether the law has been violated in the sentence, and in the case where it should it to be so, it shall remand the judges before the tribunal appointed to pronounce on their misbehaviour.

(33)

tenir la pluralité exigée quand le crime sera
prouvé.

2°. Le nombre des juges sera tel que dans les
cas ordinaires, les récusations n'obligent pas à
en élire de nouveaux. Il y aura une loi établie
sur la manière de les remplacer, & (s'il est possible) sans violer en rien l'article 3, I, II.

3°. Il y aura un tribunal séparé pour juger
les récusations, pour lequel il ne sera admis
qu'un nombre fixé par la loi de récusation, sans
motif.

4°. Il sera établi un tribunal constitué d'une
manière impartiale, lequel jugera les prévarications des juges, & de plus une partie publique, chargée de voir si les tribunaux se con-
forment aux loix, & la réclamation de cette
partie publique suspendra l'exécution des jugemens.

5°. Il sera établi un tribunal supérieur, qui
dans ce cas, ou sur les plaintes des parties
prononcera si la loi a été violée dans le jugement; & dans le cas où il le prononceroit, il
renverra les juges devant le tribunal chargé de
prononcer sur leurs prévarications.

C

6°. *Whether the legiſlative power exerciſes by itſelf, or wheter the nation has entruſted to others the right of declaring an offenſive war; the form according to which this declaration shall be fixed, and in ſuch a manner, that it can never be the intereſt of thoſe, to whom the right should be granted, to make uſe of it; unleſs they have the utmoſt certainty that the war will appear indiſpenſably neceſſary to the generality of the citizens.*

7°. *The legiſlative body shall by an expreſs law ſubmit to a regular deciſion the employ to be made of the military forces in time of peace.*

8°. *The legiſlative body shall neither reſerve to itſelf the power of pardoning an accuſed perſon, nor confer on others this power; only ſeeing it may be uſeful to exerciſe it in a certain caſes, the legiſlative power shall previouſly ordain by a law, that when thoſe circumſtances expreſſed in the law, shall be judged to take place, according to a certain form preſcribed, the penalty shall be remitted.*

6°. *Soit que le corps législatif exerce par lui-même, soit que la nation ait confié à d'autres le droit de déclarer une guerre offensive, la forme suivant laquelle se prendra cette détermination sera fixée, & elle le sera de manière que l'intérêt de ceux à qui le droit seroit accordé, ne puisse jamais être d'en user, à moins d'une forte certitude que la guerre paroîtra indispensable à la généralité des citoyens.*

7°. *Le corps législatif soumettra par une loi expresse, à un jugement régulier, l'emploi de la force publique, fait en tems de paix.*

8°. *Le corps législatif ne pourra ni se réserver le pouvoir de remettre la peine à un accusé convaincu de crime, ni conférer à d'autres ce pouvoir ; seulement s'il peut être utile de l'exercer dans certaines circonstances, la puissance législative statuera d'avance par une loi, que lorsque ces circonstances exprimées dans la loi, seront jugées avoir lieu d'après une certaine forme prescrite, la peine sera remise.*

Section II.

I.

Personal liberty: direct violations of that liberty.

1°. *The legislative power shall not, under any pretext whatever subject to any examination, nor to any forms the exercise of any art, or any trade, of any private profession; but every man shall preserve an entire liberty to make the use which he shall judge proper of all his faculties, in all cases where there shall not arise from this use any director in direct violation of the rights of others.* All constraint in these respects being contrary, not only to the liberty of those who are prohibited from such fonctions, or such works, but also to the liberty of all the other citizens, who might desire to employ them to fulfil these functions, or to perform these works.

2°. *The legislative power shall not forbid, by any penalty, however slight it may be, any action that is not contrary to the rights of others, or to those of the commonwealth.*

3°. *No man can under any pretence, shall be subjected against his will, to any service military or civil, no more than to any other*

SECTION II.

I.

Liberté des perſonnes : atteintes directes à la liberté.

1°. *Le corps législatif ne pourra ſous aucun prétexte, aſſujettir à aucun examen ni à aucune formalité l'exercice d'aucun métier, d'aucune profeſſion privée ; mais tout homme conſervera la liberté entière de faire l'uſage qu'il voudra de toutes ſes facultés, toutes les fois que de cet uſage il ne réſultera point une atteinte directe ou indirecte au droit d'autrui.* Toute gêne à cet égard, étant contraire non-ſeulement à la liberté de ceux à qui on interdit une telle fonction, un tel travail, mais à la liberté des autres citoyens qui auroient envie de les employer pour remplir cette fonction, pour exécuter ce travail.

2°. *La puiſſance légiſlative ne pourra interdire ſous aucune peine, quelque légère qu'elle ſoit, aucune action qui ne ſoit pas contraire au droit d'autrui, ou à ceux de la ſociété.*

3°. *Aucun homme, ſous aucun prétexte, ne pourra être aſſujetti malgré lui à aucun ſervice militaire ou civil, non plus qu'à aucun travail.*

service watsoever. The declining publick offices in cases of necessity , may be contrary to the rules of humanity , but is not so to those of justice , which are the only rules men can be compelled to observe. Shame ought to be only punishment of such a refusal. A man cannot then be subjected against his will to these services , and punishment for having recused them , except in the cases , where he has expressly engaged himself by an act of his will , which would have been free in the instant in which that act was formed.

4°. *Every citizen shall be free to choose the place of his residence , whether in the state , or in a foreign state , without being subjected to any constraint , and without losing any of his rights.*

5°. *The law shall not give a sanction to any autority in husbands , or parents , which may deprive children above the age of 16 years , or wives of any of the rights of natural liberty.*

6°. *No man shall be deprived of his liberty , but by a sentence , which declares him to be convicted of a crime ; against which the law has pronounced this penalty , or in a state of dangerous insanity declared such by a regular decision.*

Le refus des fervices publics, dans les cas de néceſſité , peut être contraire à l'humanité , mais ne l'eſt pas à la juſtice ; & l'on n'a droit de forcer les hommes qu'à remplir la juſtice ; la feule peine d'un tel refus , doit être la honte : on ne peut donc être aſſujetti , malgré foi , à ces fervices , & puni pour y avoir manqué , que dans le cas où l'on s'y feroit engagé expreſſément par un acte d'une volonté qui auroit été libre dans l'inſtant où il a été formé.

4°. *Tout citoyen fera libre de choifir fon domicile, foit dans l'état, foit hors de l'état, fans être affujetti à aucune géne, & fans perdre aucun de fes droits.*

5°. *La loi ne pourra fanctionner dans les maris, ni dans les parens, aucune autorité qui prive les enfans au-deffus de 16 ans ou les femmes, d'aucun des droits de la liberté naturelle.*

6°. *Aucun homme ne pourra être privé de la liberté, que par un jugement qui le déclare convaincu d'un délit contre lequel la loi a pro‑ noncé cette peine, ou atteint d'une démence dangereufe, déclarée telle par un jugement ré‑ gulier.*

7º. No man shall be arrested unless he be accused , or considered by the officer appointed to arrest , as guilty of a crime , the penalty of which is such that it may reasonably supposed , that he will rather chuse to escape , than to be exposed to the sentence ; but if the crime be less considerable ; he shall only be bound to give bail , that he will not disappear , or be confined in default of bail. No man shall be tried twice , or at more than one tribunal , for the same offense.

8º. No man shall be confined more than the space of one day , by virtue of the order of a public officer , to whom the law shall have give this authority ; unless a regular tribunal has declared him liable to undergo a trial for a crime of the kind of those which have been above mentioned.

9º. In time of war the same rights shall be preserved , except that for the crimes established according to art. 7 , of the first section , par. 2. bail shall not be allowed , but so far as it might be autorised by the law promulgated for these crimes.

10º. No tax shall be established which might lay a restraint on the personal liberty of the citizens , by subjecting them either in their own houses , or on the publick roads to the search of tax officers.

7°. Aucun homme ne pourra être arrêté, s'il n'eſt accuſé ou regardé par l'officier chargé d'arrêter, comme prévenu d'un délit dont la peine ſoit telle qu'on puiſſe ſuppoſer raiſonnablement qu'il aimera mieux s'échapper que de s'expoſer au jugement ; mais il pourra ſeulement, ſi le délit eſt moindre, être tenu à cautionner qu'il ne diſparoîtra pas, ou gardé à défaut de caution. Il ne pourra être obligé à ſubir pluſieurs degrés de juridiction.

8°. Aucun homme ne pourra être détenu plus d'un jour, en vertu de l'ordre d'un officier public à qui la loi en aura conféré l'autorité, s'il n'eſt déclaré par un tribunal régulier dans le cas de ſubir un jugement, pour un crime de l'eſpèce de ceux qui ſont mentionnés ci-deſſus.

9°. Dans le cas de guerre, les mêmes droits ſeront conſervés, ſi ce n'eſt que pour les délits établis ſuivant l'art. 7 de la première ſection, paragraphe premier, la caution ne pourra être admiſe, qu'autant qu'elle ſeroit autoriſée par la loi promulguée pour ces délits.

1°. Il ne pourra être établi aucun impôt qui gêne la liberté perſonnelle des citoyens en les aſſujettiſſant, ſoit chez eux, ſoit dans leurs voyages, à des viſites fiſcales.

11°. *No man shall, under any pretext, be forced by the threat of a penalty, a forfeiture or even the loss of any advantage, or of a qualification for any office, to take an oath; but only he may be obliged to a publick, or solemn affirmation.*

12° *The press shall be free, and no penal laws shall be made, except against libels which attack private persons, or the private actions of men in publick employements.*

13°. *No man shall be punished for having maintained any opinion whatever, for having professed any religion whatever; each persons shall be at liberty to practise such modes of worship, as he shall judge proper; but if the ceremonies of this worship should be performed in a place which does not belong to him, or to persons who follow this worship, or where, either by noises, or in any other manner they might disturb other persons; in these cases only they should be subjected to the same rules of police, that would be established for actions of any other kind, which might be performed in places belonging to the publick, or which might either lay a restraint on the liberty, or disturb the tranquillity of others.*

14°. *The publick autority shall not hinder the citizens from forming free associations, nor*

(43)

11°. *Nul homme ne pourra, sous aucun prétexte, être forcé par la menace d'une peine,
d'une amende, ou même de la perte, soit de
quelqu'anvatage, soit de la capacité pour une
charge, à prêter aucun serment ; mais seulement on pourra obliger à une promesse publique & solemnelle.*

12°. *La presse sera libre, & il ne pourra
être fait de loi pénale que contre les libelles
qui attaquent, soit les particuliers, soit les
actions privées des hommes publics.*

13°. *Aucun homme ne pourra être puni
pour avoir soutenu quelque opinion que ce
soit, pour avoir pratiqué une religion quelconque ; chacun pourra suivre tel culte qu'il
jugera à propos, à condition seulement, que
dans le cas où les cérémonies de ce culte
se feroient dans un lieu qui ne lui appar-
tiendroit pas en propre, ou aux personnes
qui suivent ce culte ; & dans celui, où soit
par le bruit, soit d'une autre manière, elles
pourroient troubler le repos de personnes étrangères, elles soient alors soumises aux mêmes
réglemens de police, qui seroient établis pour
des actions étrangères à la religion, lorsqu'elles
se passeroient dans des lieux appartenans au
public, ou qu'elles pourroient, soit gêner la
liberté, soit troubler le repos d'autrui.*

14°. *La puissance publique ne pourra em-*

force them, by the threat of any penalty, to give an account of the object of those associations.

I I.

Dangers which threaten liberty.

1°. *The laws shall not give any publick sanction to an irrevocable act, which might include, either a total alienation of liberty itself for a limited time, or an alienation, either total or partial for life, or for any indefinite time; but only to engagements determined with respect to the object, as well as to their duration, provided these acts do not include any clause, to which it cannot be supposed that any man, possessing his reason, woult voluntary subject himself.*

2°. *The right of arresting, or of delivering up to any tribunal shall not be united to the function of a judge, nor entrusted to the members of the legislative body.*

3°. *The laws shall not establish any indefinite imprisonment, either by giving autority to detain in prison those, whose crime has not been proved, or by occasioning an indefinite delay of the judgement.*

pêcher les citoyens de former des associations libres, ni les forcer par la menace d'aucune peine à révéler l'objet des associations.

I I.

Dangers qui menacent la liberté.

1º. *La loi ne pourra donner aucune sanction publique à aucun acte irrévocable qui renfermeroit ou une aliénation totale de la liberté, même pour un temps fixe, ou une aliénation soit totale, soit partielle pour la vie entière, ou pour un temps indéfini, mais seulement aux engagemens déterminés pour l'objet comme pour le temps ; pourvu que ces actes ne renferment aucune clause à laquelle on ne puisse supposer qu'un homme jouissant de sa raison se soumette de sang froid.*

2º. *Le droit d'arrêter & de remettre entre les mains d'un tribunal, ne pourra être réuni à la fonction de juge, ni confié aux membres du pouvoir législatif.*

3º. *La loi ne pourra établir aucune détention indéfinie, soit en autorisant à garder en prison ceux dont le crime n'est pas prouvé, soit en donnant lieu à un retard indéfini des jugemens.*

I I I.

Laws neceſſary for the preſervation of liberty.

1º. *The law shall regulate the manner in which the citizens are to enjoy things in common, as ſtreets, rivers, &c. It shall alſo regulate the manner in which they ought to act in caſes, where by the uſe of their natural liberty, they might injure that of others.* So that the autority, neceſſary to preſerve order and peace, may be exerciſed in a legal form, as well as that which punishes crimes.

2º. *The power of pronouncing, according to this law, shall only be allowed to judges choſen occaſionly by the citizens ſubject to their jurisdiction.*

3º. *The law shall eſtablish a publick force to hinder popular violence from diſturbing the liberty of the citizens, either in religious worship, or in civil life.* For it is not ſufficient for the enjoyment of liberty, that men may not fear the diſturbance of it by the civil power, it muſt be ſecured againſt the violence and crimes, which vulgar prejudices might give occaſion.

I I I.

Loix nécessaires pour le maintien de la liberté.

1°. *La loi réglera la manière dont les citoyens doivent jouir des choses communes comme des vues, rivières &c. : elle réglera de même la manière dont ils doivent agir dans le cas, où en usant de la liberté naturelle, ils nuiroient à celle des autres.* Afin que l'autorité qu'il est nécessaire d'établir pour veiller au maintien de l'ordre & de la paix, soit exercée suivant une forme légale comme celle qui punit les crimes.

2°. *Les jugemens à rendre, d'après cette loi, ne pourront être confiés qu'à des juges élus à temps, par les justiciables.*

3°. *La loi établira une force publique, pour empêcher la violence populaire de gêner la liberté des actions, soit dans la religion, soit dans la vie civile.* Car il ne suffit pas pour jouir de la liberté, de ne pas craindre qu'elle soit troublée par l'autorité civile; il faut encore qu'elle soit à l'abri de la violence & des attentats que les préjugés peuvent inspirer.

Men by being placed in the same neigbourhood, and by being fixed in places of abode; often inconvenient to be relinquished, are by the state of society exposed to violence, against which the publick power ought to protect them.

4°. *Punishments shall be established against the violation of the liberty of private persons, committed by the abuse of the publick autority; and this crime shall be submitted to a regular sentence.*

SECTION III.

Rights relatives to the security of possessions.

I.

Direct violations of the security of possessions.

1° No man shall be deprived of any property whatever, of which he is in possession, but in consequence of a regular judgement, given against him, according to an express law, to the letter of which the judge shall be bound to conform; but in case of goods,

L'état focial en rapprochant les hommes , en les attachant à une habitation fixe qu'il leur eft fouvent difficile de quitter , les expofe à des violences , & par conféquent la puiffance publique doit les protéger contre elles.

4°. *Il fera établi des peines contre la violation de la liberté des particuliers , faite par l'abus de l'autorité publique , & ce délit fera foumis à un jugement régulier.*

SECTION III.

Droits relatifs à la sûreté des biens.

I.

Atteintes directes portées à la sûreté des biens.

10. *Aucun homme ne pourra être privé d'une propriété quelconque dont il jouit , fi ce n'eft en vertu d'un jugement régulier rendu contradictoirement avec lui , d'après une loi expreffe , à la lettre de laquelle le juge fera tenu de fe conformer ; mais feulement s'il s'agit d'un bien*

which can be concealed, the proprietor shall be obliged to give fecurity, and in default of this, the tribunal may place thefe goods in fequeftration.

2°. No right shall be eftablished in favour of any perfon, from which damage might arife to the property of others; fuch is the exclufive right of hunting, that of gleaning without the leave of the proprietor, &c.

In cafe thefe rights exift by ufages, and that they are become a fpecies of property, the law shall then only tolerate thefe ufages, empowering the proprietors to require a reimburfement of the value of thefe rights, according to a form eftablished.

3°. The law shall not give authority to take any part of the property of any one, unlefs a reimburfement has been fettled and paid by mutual confent, or according to a form prefcribed by the law.

4°. It shall not authorize fuch acts but for a publick purpofes, when the proprietor shall have had time to discufs the advantages of this purpofe, before an impartial affembly of citizens, not the fame which shall have determined its execution, and in cafes only,

qu'on peut faire difparoître, le propriétaire pourra être obligé de donner caution, faute de quoi, le tribunal pourra mettre le bien en féqueftre.

2°. Il ne fera établi en faveur d'aucune perfonne, aucun droit duquel puiffe réfulter un dommage à la propriété d'autrui, tel eft le droit excluffif de la chaffe, celui de glaner fans la permiffion du propriétaire, le droit de parcours, &c. &c.

Si ces droits exiftent dans un pays par l'ufage, & qu'ils foient devenus une forte de propriété pour certaines perfonnes, alors la loi pourra feulement tolérer cet ufage, en autorifant les propriétaires à faire rembourfer la valeur du droit, fuivant une forme établie.

3°. La loi ne pourra autorifer à prendre aucune portion de la propriété de perfonne, fans que le rembourfement n'ait été fixé & effectué, foit de gré-à-gré, foit d'après une forme preferite par la loi.

4°. Il n'y pourra autorifer que pour un ufage public, après que le propriétaire aura eu le temps de difcuter l'utilité de cet ufage, devant une affemblée de citoyens impartiale, autre que celle qui aura arrêté l'exécution de l'ouvrage ; & dans le cas feulement où l'objet fera d'une utilité évidente, & commune même à ceux

where th object shall be of evident benefit, and also common to those who should not have contributed to it ; such as a road, a street, a canal, works necessary to salubrity, to safety, or to defense against an ennemy: at the same time no object of ornament, no publick establishment that may even be useful, such as tribunals of justice, depositaries of acts, colleges, hospitals, prisons, &c. shall serve as a pretext for a forced sale.

We make this distinction, in the first place, because there cannot exist a real right of preserving, under the same form, a property hurtfull to the salubrity and the fafety of other men ; and because the owners of such property ought to have the right of being indemnified by a value that is equivalent to it. This indemnification is just ; because if all are benefited by the change, there would be an injustice, that all should not contribute to it in their exact proportions.

In the next place, because the different individuals who compose the state, mutually owe to each other, roads, and necessary communications, from whence arises to some the obligation of consenting to the change of the form of their property, and to others the obligation of a remborsement.

qui n'y auroient pas contribué. Tel qu'un chemin, une rue, un canal, des travaux né-cessaires à la salubrité, la sûreté ou à la dé-fense contre l'ennemi ; sans que jamais au-cun objet d'embellissement, aucun établissement public, même utile, comme les tribunaux de justice, les dépôts d'actes, les colléges, les hôpitaux, les prisons, &c. puissent servir de pré-texte à une vente forcée.

Nous établissons cette distinction ; d'abord parce qu'il ne peut exister un droit réel de conserver sous la même forme une propriété qui nuit à la salubrité des autres hommes, & à leur sûreté, & qu'ils doivent avoir ce-lui d'en dédommager par une propriété équi-valente. Ce dédommagement est juste, parce que si tous profitent du changement, il y au-roit de l'injustice qu'il ne fût point supporté par tous proportionnellement.

Ensuite parce que les divers individus qui composent l'Etat, se doivent réciproquement les uns aux autres, les chemins & les com-munications nécessaires ; d'où résulte, pour les uns, l'obligation de consentir au changement de forme de leurs propriétés, & pour les autres, l'obligation du remplacement.

Lastly, we do not extend this principle to establishments simply useful; because it is for motives of convenience, rather than of real utility, that it is desired to have them rather in one place, than in another; because it is less difficult to obtain the content of the totality of the proprietors, who are in less number, and also because these works are not like roads, necessarily taken on a great number of possessions, and immediately beneficial to all lands, situated in the neighbourhood.

50. Every citizen ought to contribute towards the expence necessary to the safety of the state, to the support of the laws, and the publick tranquillity, towards expences evidently useful to the common prosperity, in cases where their benefits are extended to those who should not have consented to pay them; but beyond this he owes nothing to publick expences. He owes then in proportion to his property, for it is easy to prove that the preservation of property is the end to which almost all publick expences are destined, and besides it is certain that the proprietors of the land are the only persons who possess a neat produce, or annual revenue, which, not being affected to any particular use, is really independant, and may

Enfin nous n'étendons pas ce principe aux établiſſemens ſimplement utiles, parce que ce ſont des raiſons de commodité, plutôt que des motifs d'utilité réelle, qui font deſirer de les placer plutôt dans un endroit que dans un autre ; parce qu'il eſt moins difficile d'obtenir le conſentement de la totalité des propriétaires qui ſont en moindre nombre ; parce que d'ailleus ces ouvrages ne ſont pas comme les chemins pris néceſſairement ſur un grand nombre de propriétés, & directement avantageux pour toutes les propriétés voiſines.

5°. Chaque citoyen doit contribuer pour la dépenſe néceſſaire à la sûreté de l'état, au maintien des loix & de la tranquillité, aux dépenſes évidemment utiles pour la propriété commune, dans le cas où leur utilité s'étend ſur ceux qui refuſeroient de les payer, mais il ne doit rien au-delà. C'eſt proportionnellement à ſa propriété qu'il doit, car il eſt aiſé de prouver que c'eſt preſqu'uniquement à la conſervation de la propriété, que les dépenſes publiques ſont conſacrées, & de plus que les propriétaires ſont les ſeuls qui aient un produit net, ou quelque choſe d'annuel, d'indépendant, de diſponible, dont la jouiſſance leur eſt garantie par la ſociété : il eſt donc

be called difposable ; the fecure poffeffion of which is enfured to them by the fociety ; juftice then requires that they should pay in proportion to this poffeffion. In confequence of these principles , *the legiflative power , or the affembly , to which the lawful power of impofing taxes shall be delegated , shall not eftablish them for any other end but the publick fervices ; and confequently the fum levied muft be limited to what thefe fervices require.*

6°. Conformably to the fame principles, *no tax can be laid , where the expences of levying , amounting to more than is neceffary , would oblige the citizens to pay beyond what they ought to do.*

7°. *No tax shall be eftablished that is not proportional to the neat produce of the lands ; and confequently , as every indirect tax occafions ufelefs expences , and cannot be made proportional , a direct tax shall alone be eftablished , which shall be payd by each proprietor , in proportion to this neat produce , and of which the fum shall be determined.*

8°. *The legiflative body shall not under any pretext whatfoever , eftablish any tax to pay the expences of religious worship , nor appoint to this ufe any property belonging to the na-*

jufte qu'ils paient à proportion de cette jouiffance. Conformément à ces principes, *la puiffance légiflative ou l'affemblée qui aura le
droit de mettre des impôts, n'en pourra établir que pour les befoins réels, & par conféquent pour une fomme fixe, égal à ces befoins.*

6°. Conformément aux mêmes principes,
*elle ne pourra établir aucun impôt dont les
frais coûtant au-delà de ce qui eft néceffaire,
obligeroient les citoyens à payer plus qu'ils
ne doivent.*

7°. *Elle ne pourra établir aucun impôt qui
ne foit proportionnel au produit net, & par
conféquent comme tout impôt indirect caufe
des frais inutiles, & ne peut être rendu proportionnel, il ne pourra être établi qu'un impôt direct qui fera reparti à raifon de ce
produit, & dont la fomme fera déterminée.*

8°. *Le corps légiflatif ne pourra, fous aucun prétexte, ni établir aucune taxe pour payer
les frais d'aucun culte, ni affecter à cet ufage
aucune propriété appartenant à la nation ,*

tion , nor suffer that any property either be ;
orremain so appointed. The expences of religious worship shall be paid by voluntary contributions , or according to agreements volun-
tarily formed.

I I.

Dangers relatives to the security of property.

1°. Civil tribunals shall not be established
for any separate class of citizens , exept on
this condition alone , that , if a citizen of another class be interested in the discussion , the
cause may by right , be remanded before the common tribunal.

2°. The legislative power shall not establish
in favour of any body of men , or of any
association the exclusive privilege of defending
the parties before the tribunals.

3°. It shall not entrust the power of judg-
ging , in affairs relative to property , but to a
tribunal , the members of which shall b e chosen for a determinate time by t he proprietors of
the territory subjected to its jurisdiction ; and it
shall not under any pretence attribute any other
function to this tribunal.

ni souffrir qu'aucune propriété y soit ou y reste affectée. Mais le culte sera payé par des contributions volontaires, ou d'après des conventions formées librement.

I I.

Dangers pour la sûreté des personnes.

1º. Il ne pourra être établi des tribunaux civils pour une seule classe de citoyens, qu'à la seule condition, que si un citoyen d'une autre classe a intérêt dans la discution, elle soit renvoyée de droit devant le tribunal commun.

2º. La puissance législative ne pourra établir en faveur d'aucun corps, d'aucune association, le privilége exclusif de défendre les parties devant les tribunaux.

3º. Elle ne pourra confier le soin de juger les affaires relatives aux propriétés, qu'à un tribunal dont les membres seront choisis pour un temps déterminé par les propriétaires du territoire, soumis à sa juridiction, & elle ne pourra, sous aucun prétexte, attribuer aucune autre fonction à ce tribunal.

I I I.

Laws neceſſary for the ſecurity of property.

1°. *A ſufficient number of peremptory challenges ſhall be eſtablished to ſecure to every one the impartiality of the tribunal , and the ſame principles ſhall be followed in this reſpect , as in what is relative to perſonal ſafety.*

2°. The ſecurity of property cannot be conſidered as real , wherever the expences neceſſary to maintain the poſſeſſion of it againſt unjuſt invader , may exceed the value of it. Conſequently , if the country is ſufficiently peopled , *the legiſlative body ſhall not eſtabliſh tribunals , the diſtance of which , from the moſt remote place of their juriſdiction , exceeds that of a ſmall day's journey on foot ; or othewiſe it ſhall be obliged to eſtablish tribunals , as near to the dwellings , of thoſe who are ſubjected to their juriſdiction , as the neceſſity of compoſing them of a requiſite number of good judges will allow.*

3°. *The judges and all publick officers , neceſſary to aſcertain the right of property , ſhall be payd out of the publick treaſures , ſo that all*

I I I.

Loix néceſſaires pour la sûreté des propriétés.

1°. *Il ſera établi un nombre fuffiſant de récuſations ſans motifs pour aſſurer à chacun l'impartialité du tribunal, & l'on ſuivra à cet égard les mémes principes que dans ce qui regarde la sûreté des perſonnes.*

2°. La sûreté des propriétés ne peut être regardée comme réelle, toutes les fois que les frais néceſſaires pour la ſoutenir contre une agreſſion injuſte, peuvent excéder la valeur de la propriété. En conféquence, si le pays eſt fuffiſamment peuplé, *le corps légiſlatif ne pourra établir des tribunaux dont la diſtance, au lieu le plus éloigné de leur reſſort, excéde la valeur d'une petite journée à pied, ou bien ſera obligé d'établir des tribunaux auſſi voiſins du domicile des juſticiables, que peut le permettre la r éceſſité de les compoſer d'un nombre fuffiſant de bons juges.*

3°. *Les juges & les officiers publics néceſſaires pour conſtater le droit de propriétés, ſeront payés par le tréſor public, de manière*

extra cofts will be unneceffary in the defence of property.

In reality, all expences incurred in order to defend the right of property, ought to be proportional to the value of property, i.e. to the advantages which each perfon derives from the fociety. No lawfuit, relative to property, can take place, or be expenfive but by defects of the laws ; it is then unjuft that he who maintains a lawful right should pay, in order to defend it beyond his due proportion, or be the victim of an accident which has raifed up an adverfary to him, juft as he would have been in the ftate of nature, of the accident, which should have raifed up an ufurper of his goods.

4°. For the fame reafon, *the legiflative body shall eftablish a clear fyftem of laws, level to the capacity of all the citizens, who have received fome degree of education : it shall alfo make choice of the moft fimple, and leaft expenfive forms, in order that he who has but a small property, or none at all, may defend or reclaim it againft the moft opulent citizen, in cafe the latter difputes it with him, or has ufurped it.*

5°. *For the fame reafons, the legiflative power shall not eftablish tribunals of appeal.*

(63)

qu'il n'en coûte, pour défendre la propriété ; aucuns frais forcés.

En effet les frais pour défendre le droit de propriété, doivent être proportionnels à la valeur des propriétés, c'est-à dire, à l'avantage que chacun retire de la société. Aucun procès relatif à la propriété n'a lieu, ou n'est cher, que par la faute des loix ; il n'est donc pas juste que celui qui soutient un droit légitime, paie pour le défendre au-delà de sa part proportionnelle, & soit victime du hasard qui lui a suscité un adversaire, comme il l'auroit été dans l'état de nature, du hasard qui lui auroit suscité un usurpateur.

4°. Par la même raison, *le corps législatif établira un système de loix, clair, & à la portée de tous les citoyens qui ont reçu quelque éducation ; il choisira les formes les plus simples & les moins dispendieuses, afin que celui qui n'a qu'une très-petite propriété, ou qui n'en a aucune, puisse la défendre ou la revendiquer contre le citoyen le plus riche, si celui-ci la lui dispute ou l'a usurpée.*

5°. *La puissance législative ne pourra, par les mêmes raisons, établir deux degrés de juridiction.*

6º. *If rights contrary to some of the fore-going articles have been established, in favour of certain classes of citizens, the legislative power shall be obliged to abolish them; in granting indemnities, in all cases where it shall be judged lawful to grant them.*

SECTION IV.

The free power over property.

I.

Direct violations of the liberty, or free power over our property.

1º. The property of a thing, necessarily includes the liberty of using it according to our own will.

The legislative body shall not then hinder the proprietor of lands from employing them in the cultivation of such productions, or to such uses as he shall judge proper; nor shall it forbid him to enclose them with walls, to construct such buildings, or make such works as shall be suitable to his interest; excepting always the cases, where it should be proved, that these uses of his property are prejudicial to the salubrity of the air, expose the safety,

6º.

6°. *S'il s'eft établi en faveur de quelques claffes de citoyens des droits contraires à quelques-uns des articles ci-deffus, la puiffance légiflative fera obligée de les abolir, en accordant des dédommagemens toutes les fois qu'il fera jugé légitime d'en accorder.*

SECTION IV.

Liberté des propriétés.

I.

Atteintes directes portées à la liberté des propriétés.

1°. La propriété d'une chofe renferme neceffairement la liberté d'en ufer à fon gré.

La puiffance légiflative ne pourra donc empêcher le propriétaire d'un terrein, de l'employer à telle culture, ou ufage qu'il voudra, de s'enclore de murs, d'y faire telle conftruction, tels travaux qu'il jugera convenables, excepté dans le cas où il feroit prouvé que cet ufage de la propriété nuit à la falubrité de l'air, expofé

or are contrary to the rights of the others.

2°. The legiſlative power shall not deprive any perſon of the liberty of buying, or ſelling any commodities, nor forbid their ſale within the territory, nor their importation, or exportation.

3°. The legiſlative power shall not, under any pretence, reſtrain to certain places, or to certain times, the vent of any commodities, nor ſubject any to be marked or ſearched, nor ſubject the ſale of any to particular forms, excepting that of poiſons, which deſtroy life in small doſes, and are eaſily diſguiſed.

4°. The legiſlative power shall neither reſerve to itſelf, nor grant to others, under any pretence, a monopoly of goods, or an excluſive privilege of manufacture.

For an excluſive right to be juſt, it would be neceſſary that an invention should confer a perpetual excluſive privilege independant of publick authority; for this authority is conſtituted to protect the rights given by nature, but it cannot lawfully eſtablish any. Now this opinion is ſo abſurd, that the most zealous defenders of privileges have not dared to ſupport it. In reality, no other right reſults from an invention than the property of the invention itſelf, which is paid by the ſame

la sûreté, ou est contraire au droit d'autrui.

2°. La puissance législative ne pourra enlever à personne, la liberté de vendre ou d'acheter aucune denrée, ni en défendre la vente dans l'intérieur, l'importation ou l'exportation.

3°. La puissance législative ne pourra, sous aucun prétexte, restreindre à certains lieux ou à certains temps, la vente d'aucune denrée, ni en assujettir aucune à être marquée ou visitée, ni soumettre les ventes d'aucune à des formalités particulières, à l'exception de celle des poisons qui tuent à petite dose, & sont faciles à déguiser.

4°. La puissance législative ne pourra ni accorder, ni se réserver sous aucun prétexte, ni aucun monopole de denrée, ni aucun privilége exclusif de fabrication. Il faudroit, pour que ce droit exclusif pût être juste, qu'une invention quelconque conférât un privilége perpétuel exclusif, indépendant de l'autorité publique ; car cette autorité est faite pour protéger les droits donnés par la nature, mais elle n'en peut légitimement établir aucun. Or cette opinion est si absurde que les plus zélés défenseurs des priviléges, ne l'ont osée soutenir. Dans la réalité, il ne résulte d'une invention aucun autre droit, que la propriété de l'invention même, qui est payée par la gloire de la découverte ; & peut, si elle est

of the difcovery, and may, if it be judged ufeful, give a lawful claim to a reward.

5*o*. *The legiflative power shall not form itfelf, nor permit thofe whom the conftitution might appoint to this function, to form any agreement With foreign powers, from Whence there might arife a privilege, for one of thefe powers, with refpect to the fale of its commodities, or to the purchafe of thofe of the country.*

6*o* *The legiflative power shall not lay any duty, on the buying or felling of goods, importations, exportations, entrances into a town, or paffage of commodities trough it, or lay a particular tax on the cultivation of any productions.*

Such taxes not being proportional to the neat produce, are contrary to the fecure poffeffion of property, which the fociety ought to maintain; but they are likewife fo to liberty, not only as they give rife to unjuft laws, contrary to the above art· 2, but becaufe they change the natural price of different commodities compared with each other, and the price of the fame commodity in different places; and thus the citizens can neither buy or fell their goods, nor the proprietors employ their land as they would do,

jugée utile, donner une prétention légitime
à des récompenses.

*5°. La puiſſance légiſlative ne pourra for-
mer elle même, ni permetre à ceux que la conſtitution chargeroit de cette fonction, de former
avec des puiſſances étrangères, aucune convention dont il réſulteroit un privilége pour une
de ces puiſſances relativement à la vente de ſes
denrées ou à l'achat de celles du pays.*

*6°. La puiſſance légiſlative ne pourra im-
poſer aucun droit ſur la vente ou l'achat, l'importation, l'exportation, l'entrée dans une ville,
ou le paſſage d'aucune denrée, ni mettre un
impôt particulier ſur une eſpéce de culture.*

Ces impôts n'étant pas proportionnels au produit net, ſont contraires à la sûreté des propriétés que la ſociété doit maintenir, mais
ils le ſont de plus à la liberté, non-ſeulement parce qu'ils néceſſitent des réglemens
contraires à l'article 2. ci-deſſus, mais auſſi
parce qu'ils changent le prix naturel des différentes denrées comparées entr'elles, & le
prix de la même denrée dans différens lieux ;
d'où il réſulte, que ni les citoyens ne peuvent acheter ou vendre des denrées, ni les
propriétaires employer leurs terres, comme ils

where there no fuch duties , and therefore ,
they are hereby expofed to damages. Now
to lay a reftraint on men relative to the free
power over their poffeffions , is forcing them
to purchafe this power , juft as to prohibit
indifferent actions by penalties , is a violation
of perfonal liberty.

7°. *There shall not be made any altera-
tion , even in time of war , to the articles
2 and 3 , except in thofe cafes , where the
buying or felling of a commodity would be
a manifeft violation of the rights of citizens,
by expofing the publick fafety.*

I I.

Dangers which may threaten the free power
over property.

Where the legiflative power has oppofed
no obftacle to the free power over property,
this liberty is in reality confounded with the
property itfelf ; this head therefore requires no
particular article. The dangers which bad laws
would here produce rather fall on the fecurity than on the liberty of property.

ſe feroient ſans l'exiſtence de ces droits , à moins
de s'expoſer à des pertes : or c'eſt gêner la
liberté des propriétés , que de la faire acheter , comme c'eſt gêner la liberté perſonnelle , que de défendre . ſous peine d'amende ,
des actions indifférentes.

*7°. Il ne pourra même en temps de guerre
y avoir d'exception aux articles 2. & 3.,
que pour les cas où l'achat ou la vente d'une
denrée feroient évidemment une violation du
droit des citoyens , en expoſant la ſûreté publique.*

I I.

Dangers qui peuvent menacer la liberté
des particuliers.

Du moment où la puiſſance légiſlative n'a
mis aucun obſtacle à la liberté des propriétés ,
cette liberté ſe trouve confondue avec la propriété elle-même ; auſſi il ne doit y avoir
lieu ici à aucun article particulier. Les dangers qui naîtroient d'une juriſprudence vi-
cieuſe , tombent alors ſur la ſûrété , & non
ſur la liberté des propriétés.

I I I.

Laws neceſſary to maintain the free power over property.

1º. *The legiſlative body shall have the right of deſtroying all uſages contrary to the above articles, on whatever titles they may be founded; nor shall they be conſidered as forming a real right in favour of any perſons whatſoever.*

2º. *In caſes where the transfering of property ought to be ſubjected to certain forms, and where theſe forms require certain publick officers to be employed, excluſively of other men; theſe officers shall be paid by the publick, and not at the expence of the contracting parties; who shall not be bound to pay the trouble, which they may give them, but at the ordinary rate which they would have paid to a private perſon, who would have performed the ſame ſervices.*

3º. *In law which shall regulate the circumſtances, in which the liberty of one man in the uſe of his property is contrary to the rights of another, the legiſlative power shall carefully diſtinguish the caſes, where a li-*

I I I.

Loix néceſſaires pour maintenir la liberté des propriétés.

1°. *Le corps légiſlatif aura le droit de détruire tous les uſages contraires aux articles ci-deſſus, ſans que, ſous quelques titres qu'ils ſoient établis, on puiſſe les regarder comme formant en faveur de quelques perſonnes que ce ſoit un véritable droit.*

2°. *Dans les cas où la tranſmiſſion de la propriété doit être aſſujettie à des formalités, & où ces formalités exigent l'emploi d'officiers publics excluſivement à tous auttres; ces officiers ſeront payés par le public, & non aux dépens des contractans qui ne pourront être tenus de payer la peine qu'ils leur donnent, qu'au prix moyen qu'ils auroient payé à l'homme privé qui leur auroit rendu le même ſervice.*

3°. *Dans les loix qui régleront les cas où la liberté d'uſer de la propriété eſt contraire aux droits d'un autre, la puiſſance légiſlative diſtinguera ſoigneuſement les cas où la liberté doit être ôtée, & ceux où l'exercice de cette liberté donne ſeu-*

berty is not to be allowed at all, and those; in which the exercise of liberty only gives a right to an indemnity. For example, if the use of a thing be injurious to health, or threaten life, it is lawful to disallow it; if, on the contrary, it be only a diminution of property, an inconvenience which arises from it to another, and which is contrary to his right; the liberty of the first must be restrained, if the right of the second is entitled to a preference, and if that of the second ought not to have the preference, he ought to be satisfied with an indemnity.

SECTION V.

Natural equality.

I.

Violations of the right of natural equality.

1°. Men having united into commonwealths for the preservation of their natural rights, and these rights being the same for all men, the society ought to secure to each of them, the enjoyment of the same equal rights.

Thus, every social institution, from which

ement lieu à un dédommagement. Par exemple, si tel usage d'une chose quelconque est nuisible à la santé, ou menace la vie, il est légitime de l'interdire; si au contraire c'est uniquement une diminution de propriété, une gêne qui en résulte pour autrui, & qui soit contraire à son droit, il faut ou gêner la liberté du premier, si le droit du second doit l'emporter, & si celui du second ne doit pas être préféré, se contenter, d'ordonner un dédommagement.

SECTION V.

Egalité.

I.

Atteintes au droit d'égalité.

1°. Les hommes s'étant réunis en société pour le maintien de leurs droits naturels, & ces droits étant les mêmes pour tous, la société doit leur assurer à chacun la jouissance des mêmes droits.

Ainsi toute institution sociale de laquelle

arifes to one man, or one body of men; advantages of which others are deprived, is a violation of the right of natural equaltiy.

In confequence of this principle, *the legiſlative power shall not eſtablish among the citizens any hereditary diſtinction, neither in reſpect to the conſtitution, or in reſpect to laws civil, criminal, or of police, nor in reſpect to exclufive qualifications for certain functions, or even for certain honours.*

2°. *The legiſlative power shall not make qualifications for certain functions to depend on the greater or leſs riches of the citizens in land, or on other circumſtances relative to fortune.* This would be granting to the rich an advantage, which is not the neceſſary confequence of their ſtate of riches.

3°. *The legiſlative power shall not confer prerogatives on any function, which do not proceed from the immediate exerciſe of this function.*

4°. No citizen can be obliged to obey laws, to the making of which he has not contributed equally with any other citizen, either by himſelf, or by an equal right, to elect, repreſentatives, and to be elected.

All the citizens without diſtinction shall have an equal share in the right of voting

résulte pour un homme ou pour une société d'hommes, un avantage dont les autres sont privés, blesse le droit d'égalité naturelle.

Conformément à ce principe, *la puissance législative ne pourra établir entre les citoyens aucune distinction héréditaire, ni relativement à la constitution, ni relativement aux loix civiles, criminelles ou de police, ni relativement à l'aptitude exclusive pour certaines fonctions, ou même pour certains honneurs.*

2°. *La puissance législative ne pourra faire dépendre l'aptitude à certaines fonctions, du plus ou moins de richesses foncières des citoyens, ou d'autres circonstances relatives à la fortune.* Ce seroit accorder aux riches un avantage qui n'est pas la conséquence nécessaire de leur richesse.

3°. *La puissance publique ne pourra attribuer à aucune fonction quelconque, des prérogatives qui ne dérivent pas de l'exercice immédiat de cette fonction.*

4°. Aucun citoyen ne peut être obligé d'obéir à des loix auxquelles il n'a pas contribué autant que tout autre citoyen, soit par lui-même, soit par un droit égal à élire des représentans, & à être élu.

Tous les citoyens auront sans distinction une part égale au droit de cité, c'est-à-dire,

for the election of representatives, or in gene-
ral of all those who ought to be elected by
the citizens, and also in the decision of af-
fairs, on which the whole body of the citizens
ought to pronounce, without any other inequa-
lity, than that which arises from the neces-
sity of establishing multiplied divisions, and
subdivisions.

5°. *All the citizens shall be alike capable*
of being chosen for all places given immedia-
tely, or mediately by the votes of the citizens,
without any arbitrary condition, whatever
may be the apparent utility of it.

The natural conditions for exercising the
rights of voting, or of enjoying this qualifi-
cation shall be the five following.

To be a proprietor of land.

Non to be accused or convicted of any
crime.

Not to be by a regular sentence declared
to be in a state of lunacy or idiotism.

To have the age, at which the civil law
allows men to govern their property them-
selves.

Not to be in a state of dependance on
any individual, or any body of men.

à l'élection des représentans, ou en général de tous ceux qui doivent être élus par les citoyens ; comme à la décision des affaires sur lesquelles l'universalité des citoyens doit prononcer, sans autre inégalité que celle qui résulte de la nécessité d'établir des divisions & des subdivisions multipliées.

5°. Tous les citoyens seront également susceptibles d'être élus pour toutes les places données, immédiatement ou médiatement par le suffrage des citoyens, sans aucune condition arbitraire, quelle qu'en soit l'utilité apparente.

Les conditions naturelles pour exercer les droits de cité ou jouir de cette capacité, seront les cinq suivantes :

D'être propriétaire.

De n'être accusé ni convaincu d'aucun crime.

De n'être point juridiquement déclaré atteint ou de démence ou de stupidité.

D'avoir l'âge où la loi civile accorde le droit de gouverner soi-même ses propriétés.

De n'être dans la dépendance d'aucun individu ni d'aucun corps.

6°. *The conditions for other places must be analogous to the nature of their respective functions ; and none shall be established, which shall not be of very manifest utility.*

7°. *The civil law shall not establish any inequality in the division of inheritances, either in respect to primogeniture, or in respect to the sexes.*

I I.

Dangers that may affect the right of natural equality.

1°. *All the citizens shall enjoy the right of forming voluntary associations, but they shall only be allowed as such by the legislative power, and by gouvernment.*

For example, the whole body, or the majority of the nobles, the lawyers, the smiths of such a town, may form such rules among themselves as they shall judge proper, but under the denomination of associations of such sorts, having such appellations. And not under the name of the corporation of the nobles, of the lawyers, the smiths of such a place. In the state there are only citizens

6°. Il ne pourra y avoir pour les autres places, que des conditions analogues à la nature de leurs fonctions, & il ne pourra en être établi, que lorsqu'elles seront d'une utilité évidente.

7°. La loi civile ne pourra établir aucune inégalité dans le partage des successions, soit relativement à la primogéniture, soit relativement au sexe.

I I.

Dangers contre le droit d'égalité.

1°. Tous les citoyens jouiront du droit de former des associations libres, mais elles ne pourront être reconnues que comme telles, par la puissance législative & par le gouvernement.

Par exemple, la totalité ou la pluralité des nobles, des jurisconsultes, ou des séruriers d'une telle ville, pourra former telle délibération qu'elle voudra, mais en s'intitulant l'association de tels & tels, l'association ayant tel titre, &c. & non le corps des nobles, des jurisconsultes, des séruriers de tel endroit. Il n'éxiste dans l'état que des citoyens divisés par cantons, & des hommes chargés par les citoyens des fonctions publiques ; toute asso-

divided by diſtricts, and men employed by the citizens in publick funćtions. All aſſociations are then neceſſarily private aſſociations, which ought to be free, but which can have no right to form themſelves into corporations, as bodies inſtituted by publick authority.

The body of prieſts of different religions, the body of military men, the body of lawyers, ought not to have political advantages, different from thoſe of a ſociety of ſubſcribers to a theatre, or to a club, otherwiſe natural equality would be deſtroyed.

2°. *The legiſlative body ſhall not give to any free aſſociation, whatever may be the object of it, whether religious, civil, or of ſimple amuſement, an excluſive poſſeſſion of any name, of any title, of any diſtinguiſhing ſymbol; all the citizens ſhall be at liberty to take the ſame names, the ſame titles, to employ the ſame ſymbols.*

3° *The publick authority ſhall not only give to the acts of any aſſociation, whatever they may be, the value merely relative to pecuniary intereſts, which it gives to acts formed by ſocieties of commerce, and it ſhall not eſtablish particular laws for any one.*

ciation eſt donc néceſſairement une aſſocia-
ciation privée qui doit être libre, mais qu
ne peut avoir droit de ſe donner une exiſ
tence comme corps.

Le corps des prêtres des différentes religions, le corps des militaires, le corps des
légiſles, ne doit pas avoir une exiſtence po-
litique différente de celle de la ſociété des
ſouſcripteurs pour un théâtre ou pour un club,
ſans quoi l'égalité naturelle ſeroit détruite.

2°. *La puiſſance légiſlative ne pourra donner à aucune aſſociation libre, quel qu'en ſoit
l'objet religieux, civile ou de ſimple amuſement, la poſſeſſion excluſive d'aucun nom, d'aucun titre, d'aucun ſymbole diſtinctif, & il doit
reſter libre à tous les citoyens de porter les
mêmes noms, les mêmes titres, d'employer les
mêmes ſymboles.*

3°. *La puiſſance publique ne pourra donner
aux actes, quels qu'ils ſoient, d'aucune aſſociation,
que la valeur purement relative à l'intérêt pé-
cuniaire, qu'elle donne aux actes formés par
les ſociétés de commerce, & ne pourra établir
de loix particulières pour aucune.*

I I I.

Laws neceſſary to eſtablish natural equaſity.

1°. *In every country , where any ſocial inſtitution may have introduced abuſes contrary to natural equality , it is the duty of the legiſlative power to deſtroy them , and it cannot be hindered by a reſpect for any uſage , for any anteriour enjoyement , grant, &c. And its power to eſtablish natural equality can have no limits.*

2°. *The legiſlative power shall take care , in all laws civil , criminal or of police , to eſtablish an entire equality among the citizens of every condition and ſex , ſo that there be not any individual Whatever , who if not judged abſolutely by the ſame laws , and according to the ſame forms. If it bethought neceſſary to eſtablish particular tribunals for thoſe who exerciſe certain functions ; becauſe their own , or the publick ſafety may require that they should not be ſubmitted to the common tribunals , theſe particular tribunals shall be ſo inſtituted that they cannot be ſuſpected of partiality towards him who by his functions is withdrawn from the common tribunal.*

I I I.

Loix néceſſaires pour établir l'égalité.

1°. *Dans tout pays où quelque ancienne inſtitution ſociale auroit introduit des abus contraires à l'égalité, il eſt du devoir de la puiſſance légiſlative de les détruire ; & elle ne peut être retenue par le reſpect d'aucun uſage, d'aucune jouiſſance antérieure, conceſſion, &c. ; & ſon pouvoir, pour établir l'égalité, ne peut avoir de limites.*

2°. *Elle aura ſoin d'établir dans la légiſlation civile, criminelle, & de police, une égalité abſolue entre les citoyens de tout état & de tout ſexe, de manière qu'il n'y ait aucun individu, quel que ſoit ſon état, qui ne ſoit jugé abſolument par les mêmes loix & ſuivant les mêmes formes. S'il eſt jugé néceſſaire d'établir des tribunaux particuliers, pour ceux qui exercent certaines fonctions, parce que la ſûreté publique ou la leur propre exige qu'on ne les ſoumette pas aux tribunaux ordinaires: ces tribunaux particuliers ſeront inſtitués de manière qu'il n'en réſulte aucun ſoupçon de partialité en faveur de celui qui par ſes fonctions eſt ſouſtrait au tribunal ordinaire.*

3°. Whatever equality may have been established in the legislative power, as time might in fact produce an inequality, either by defects in the constitution, or by defects in the forms of elections, or by the imperfection of this declaration of rights, and moreover as the citizens who have established this form cannot declare it to be irrevocable, without assuming over their descendants an authority contrary to the right of natural equality; no constitutive law, not even this declaration of rights shall be considered as perpetual and fundamental; but an epoch shall be fixed, when both shall be a fresh examined; and as it would be both absurd and dangerous to commit to the legislative body this function, which might give it the means of becoming independant; *at every period of ten years; a commission, not numerous, shall be named by the body of the citizens appointed to review this declaration of rights and the constitution. This commission shall be obliged, at the end of a year, to give an account to a general convention, or to the plurality of conventions peculiar to each division of the State. The general convention, or particular conventions shall be distinct from, and independant of the legis-*

3°. Quelqu'égalité qui ait été établie dans la puiſſance légiſlative, comme le temps pourroit amener une inégalité de fait, ſoit par le vice de la conſtitution, ſoit par des défauts dans les formes des élections, ſoit par l'imperfection de cette déclaration des droits ; & que d'ailleurs les citoyens qui ont établi cette forme, s'arrogeroient, ſur leurs deſcendants, une autorité contraire à l'égalité ſi elle étoit irrévocable, aucune loi conſtitutive, ni même cette déclaration des droits ne ſera jugée perpétuelle ou fondamentale, mais il ſera fixé une époque, où l'une & l'autre ſeront examinées de nouveau ; & comme il ſeroit à la fois abſurde & dangereux de charger le corps légiſlatif de cette fonction qui lui donneroit les moyens de ſe rendre indépendant, *à chaque époque de dix ans, il ſera nommé, par la généralité des citoyens, une commiſſion peu nombreuſe, chargée de revoir cette déclaration des droits, & la conſtitution. Cette commiſſion ſera obligée de rendre compte au bout d'une année, à une convention générale, ou à la pluralité de conventions particulières à chaque diviſion de l'état ; la covention générale ou les conventions particulières, ſeront diſtinctes & indépendantes du corps*

lative body. The general convention, if such a one be established, shall have the right to add articles to this declaration, or to give a greater extent to the rights, provided a simple majority demand it ; to retrench articles, or diminish the extent of our rights by a majority of 29 votes out of 30 : and to make in the constitution, according to the observations of the commission, all such changes as they shall judge necessary, by a majority of thre fourths of the votes. If conventions be formed in each division of the state ; be sides the above majorities, the simple majority of these particular conventions Will be necessary to add an article to the declaration of rights, or to enlarge the extent of them ; that of four filths to reject one, or to diminish the extent of them, that of three fourths to make changes in the constitution.

The general convention and particular conventions shall be named by the generality of the citizens, according to a form regulated by a law, which shall make a part of the constitution.

THE END.

légiflatif. La convention générale, fi on en établit une, aura droit d'ajouter des articles à cette déclaration, ou de donner aux droits une plus grande étendue, pourvu que la fimple pluralité le demande, d'en retrancher ou de diminuer l'étendue des droits, à la pluralité de 29 voix fur 30, & de faire à la conflitution, d'après le travail de la commiffion, tous les changemens qu'ils jugeront néceffaires, à la pluralité des trois quarts des voix ; fi on forme des conventions, dans chaque divifion de l'état, il faudra outre ces pluralités, la fimple pluratité des conventions pour ajouter un article à la déclaration des droits, ou en augmenter l'étendue. Celle des quatre cinquièmes pour en rejeter un, ou en diminuer l'étendue ; celle des trois quarts pour faire des changemens à la conflitution.

La convention générale & les conventions particulières feront nommées par la généralité des citoyens, fuivant une forme réglée par une loi qui fera partie de la conflitution.

FIN.

www.ingramcontent.com/pod-product-compliance
Ingram Content Group UK Ltd.
Pitfield, Milton Keynes, MK11 3LW, UK
UKHW031830170726
13836UKWH00004B/1605